Cabeza de ébano

Rodolfo Häsler

Cabeza de ébano

bokeh ✱

© Rodolfo Häsler, 2019

© Fotografía de cubierta: W Pérez Cino, 2019

© Bokeh, 2019

Leiden, NEDERLAND
www.bokehpress.com

ISBN 978-94-93156-08-1

Mariposa y caballo
(Libro de viajes)

Toulouse

A mi madre

Se trataba de hacer creer al pueblo que la guerra era inevitable para destruir el mal, para restablecer la paz y la justicia. Eso debió pensar mi noble antepasado Raymond de Sarlabous, par del rey, vencedor de la batalla de Marignan en 1515 y defensor de Le Havre antes de que sus descendientes abandonasen para siempre la ciudad de Toulouse y pasasen a administrar las tierras que les habían sido asignadas, en 1700, a modo de compensación en lo que entonces se conocía como Saint-Domingue, actual Haití, la colonia más próspera de Francia. Durante varios siglos mis antepasados francohaitianos fueron dueños y señores de grandes extensiones dedicadas al cultivo del café, disfrutaron de una existencia fastuosa, hablaron con propiedad la lengua de la razón y se hacían traer de la metrópoli absolutamente todo lo material que disfrutaban por la gracia de su majestad y de un sistema esclavista cuyos beneficios parecían no tener fin. Facturaban toneladas de café de Port-au-Prince y Cap-Haïtien con destino a Burdeos, La Rochelle y Nantes. La apreciada bebida era el alma de los refinados salones rococó, ya que la moda turca lo había convertido en algo indispensable en la vida diaria de cualquier aristócrata elegante. Los músicos componían marchas turcas, los salones se decoraban con muebles otomanos y el mencionado capricho agilizaba el comercio, asentando las rutas hacia la lejana China de donde llegaban finísimas porcelanas para su consumo. El café fue una de las causas que hizo despertar la curiosidad por todo lo desconocido y recóndito en un mundo cada vez menos ancho. A pesar de todo, y por inverosímil que pueda parecer, los Sarlabous fueron unos ilustrados, como era costumbre entre la mayoría de plantadores antillanos. Sus propias ideas pusieron sus cuellos muy cerca de la hoja del machete y abandonando a toda prisa sus haciendas incendiadas y saqueadas y junto a otros miles que milagrosamente salvaron el pellejo fueron a instalarse a Santiago de Cuba. La obsoleta y mezquina vida social española conoció el cambio impuesto por los recién llegados, testigos perennes del Ancien-Régime, y con nuevos aires, sus maneras, su distante y amable refinamiento, su café, su música, prosperaron en el barrio de Tívoli convirtiéndose en criolla burguesía, y hoy sus apellidos son inseparables de uno de los fenómenos sociales y culturales más brillantes y fructíferos de la idiosincracia cubana.

La Habana
(en la casa de Lezama Lima)

a Reina María Rodríguez

Qué impresionante silencio en la angosta saleta,
en el exacto lugar donde la voz atronadora
reclamaba cada tarde su café, en fina taza china,
colado y servido con amor de madre. Remedio certero
para aplacar el ritmo entrecortado, entre risotada y risotada,
y recomendar a Góngora, leer cada día a los franceses,
los de la rosa. Adorando a Casal, maldiciendo a Virgilio,
logró ensalzar las sombras ante la oscura ventana,
oh los mayas, Ariosto, la impertérrita herencia española.
La ventana ahora clausurada es un tokonoma del vacío.

Berna

A mi padre

Desde arriba contemplo a la bestia dentuda
y recuerdo que en la infancia jugaba con una réplica
en peluche, mucho menos imponente,
presente en la formación de todo niño alpino.
El foso es la salida del laberinto medieval,
un camino sinuoso de piedra arenisca ocre
en la que han sido labradas las agujas más sorprendentes
y las ventanas de las viviendas.
En una de ellas, mi padre, que ahora es mi hijo,
tocaba la viola con método insistente
mientras yo aprendía el dialecto gótico de mis antepasados.
Los almacenes subterráneos de patatas y manzanas,
los barriles de mosto campesino, las sedes de los gremios
y sus emblemas, la cigüeña azul, el devorador de niños,
la carpa dorada o el ojo de la aguja
acaban en la rueda de la muerte que acucia a los berneses
junto al símbolo del oso, el animal.
Desde la altura de la nieve desciendo a la casa de las bestias,
y apoyado en el borde, me asomo a ver sus fauces.

Stettin

La inmensa planicie brumosa, helada en su superficie,
tierra y cielo solidificados por meses y meses, no entra el azadón,
los enormes almácigos dispersos al borde de los canales
indican la cercanía de las granjas, extensa granja de ladrillo
y madera entrecruzada alrededor de una enorme explanada
que lleva por nombre Sophienhof, antecedente de mi sangre.
Bandadas de gansos blancos buscando gusanos
escarban en la paja mezclada con estiércol,
los caballos de tiro patean en las paredes de los establos
reclamando la llegada de sus amos que los encinchan
para llevar la madera al mercado central de Stettin;
las vacas, de ojos líquidos y negros, tan exquisitas,
pretenden lijar las manos con sus moradas lenguas
mientras padre y madre, sentados en taburetes de una pata,
las ordeñan. Algunos empleados acarrean los recipientes
que los perros, conocedores de la ruta, acercan en un carrito a la
lechería. Del bosque llegan ruidos inquietantes,
el estrépito de la cornamenta de los ciervos contra los troncos,
el graznido de los cuervos, mozos talando. Los niños se adentran
en él con cestos para llenarlos de setas de color cadmio
que acompañarán la carne, pequeñas y pardas maravillas
de la hojarasca para engordar la sopa, setas que perpetúan
el recuerdo indeleble de la infancia.

Barcelona

Desde hace tiempo dejó de proveerse
de perfumes en la avenida de Pedro I de Serbia
para, de un modo delicado,
conjurar el olvido.
Se acabaron las raras esencias,
creaciones únicas pensadas para desconcertar,
marcarse el vientre con una vaporosa gota
de agua de olor y que el olfato
a tu cabeza se fijase.
Ya no existe tanta delicadeza y es de otro modo
como ahora ante los demás se ofrece.
Son las manos las que detentan el poder,
son ellas las que lo convierten en Pakistán
bajo el peso de la transformación,
una y otra vez, al responder a su reclamo.
Hoy, día lluvioso y casi negro, se compadecerá de ti.
El paladar arde apostando fuerte esta tarde,
y cosa extraña, no deja de fumar cigarrillos negros.
No se adentra demasiado por la izquierda de las Ramblas
cuando da con la puerta del local.
La calle es estrecha y el personal, malcarado
y de mirada torva, sabe que se llama Pakistán
y en silencio le cede el paso.
El espectáculo "Somos todos unos indocumentados"
acaba de dar comienzo y mientras zapatea,
los hombros casi imperceptibles,
cimbreando la cintura tensa y separando
los brazos del tronco hacia lo alto,

gira las muñecas así y asá, y el olor que despide,
tan acre ahora, mezcla de sexo, escalofrío
y la humedad del deseo, le otorga la categoría
de macho empapado en su sudor.
Tu corazón es una de sus paradas,
cuando las hojas de la antigua camelia
se han caído todas ya. Detente y festejemos,
no sabes cómo te felicitan.

Viena
(en el Café Museum)

I.

¿Se puede entrar en el espacio de la memoria?
La estancia tiene forma de pentagrama, los muros oscuros
y anchos y unos cuantos libros en las esquinas.
Pudieran servirnos un café turco, en toda su gloria,
para contrarrestar la fría lluvia de primavera.
Si logramos traspasar la doble puerta
nos haremos fuertes frente a lo extraño. Para no escuchar
el reclamo de la caverna escondo un jacinto azul entre la ropa.

II.

Hallamos en sus muros desconchados
un juego zodiacal que nos protege del hado,
al abrigo de la luz, al amparo de las miradas.
Los animales del cielo nos señalan desde sus asientos
y no podemos escapar a sus bramidos,
la fuerza del espíritu clama por el advenimiento
de lo oculto, el grito de Sardanápalo asesinado.
Los signos se repiten en la dureza de la piedra.

III.

La disciplina gobierna nuestras vidas,
no podemos dejar de andar por las constelaciones
y atajar la suerte en el sueño de los antepasados.

Hasta el punto marcado, hasta el espacio acotado,
todo es reflejo de las aguas superiores, del movimiento
de la batuta sobre una línea negra.
El castillo de Bartók es sólo el punto de partida,
luz y dolor para encontrarnos en un jardín cifrado.

Tel-Aviv

No sé qué decir de la arquitectura de esta blanca ciudad, en el balcón, sin poner las manos extendidas sobre la mesa y ver cómo se amarga el dulce de miel. El estilo de Viena, de Berlín, de Brno y de Zürich siguió adelante tras el hundimiento de Europa. ¿Dónde acaba Europa?

Mi fachada es un poema en forma de ocho.

Es una maldición que me persigue desde la infancia, reconozco inmediatamente en la arquitectura el vientre cómodo de la ballena donde ocultarlo todo y arrodillarse ante el tiempo transcurrido.

El poeta no sabe si es necesaria tanta reflexión sobre el entorno habitado. Hay terrazas para tomar agua de jamaica mientras escuchas el ruido de la calle.

Vamos a sacar de la cama a los amigos del Rehov Soutin para llevarlos a caminar por la playa. Aunque nadie se bañe, la gente más hermosa deja sus pisadas y sus huellas de infinito. La semilla no va a germinar, fue un momento de creatividad que ha quedado olvidado, agotado para siempre. ¿Alguien querría paladear tanta belleza?

La luz se parte en infinitas líneas rectas frente a las ventanas pensadas para truncar al sol. Las flores del insomnio caen lentamente de las manos y las nubes que anuncian lluvia nos despiertan y ordenan alejarnos de semejante esplendor.

Cuerpo y alma buscan cómo transcribir la impresión de plenitud.

Montevideo

El color turbio y verdoso de las aguas se solidifica
en el aro de jade frío que aprieto entre los dedos.

Bogotá

Maresmer ver
desmeral dar
dar
ver
verd
verd smerald

Juan Eduardo Cirlot,
«Visio smaragdina»

a Juan Manuel Roca, Nubia Estela
Cubillos y Victoria Cirlot

Un manto de materia verde cubre la montaña.
Verde, verde y verde. La alternancia con el rojo
y la rosa que abre entre hojas verdes, el verde helecho arbo-
    rescente
y la verde piel del lagarto puntiagudo. Un viaje al centro del
    color verde
con un cuerpo nuevo, relámpago de la tierra que muestra
    su tesoro,
una savia resbaladiza que todo lo inunda,
pero no hay forma de poderla tocar aunque los dedos
corren hacia el grueso fuego verde de la esmeralda.
La complementariedad entre hombre y mujer,
el hombre rojo y verde, la mujer roja y verde, todo es impulso
en el equilibrio entre vida y naturaleza virginal.
La divina providencia tiene su color en el extremo del mundo
donde decae la flora, el cielo y la tierra

a igual distancia de la superficie
donde lo invisible se vuelve la causa más buscada,
el color de la revelación más esperada.
La luz del espíritu de los alquimistas, luz oculta
en lucha contra las tinieblas.
El camino intenso hacia el peso de la cosecha
de hojas verdes, tallos verdes, bosques verdes,
dominio inescrutable donde lavar la sangre de la herida.

Tetuán

Dan ganas de llorar mientras la luz, tan limpia,
se demora en caer sobre los cubos azules de la medina,
la luz es leche en el instante mortecino del crepúsculo
en su insistencia por una huida lenta.
Dejo de caminar mientras la actividad remite
y los faroles de las esquinas dan irrealidad a la fruta,
plátano o kiwi en un vaso, si dios quiere agua de azahar.
No hay límite entre las tinieblas y el ardor del día,
las especias de los puestos callejeros confunden los montones
que acaban en la cocina del restaurante de Abdulaziz
donde adoban el pescado para freír, los calamares a la romana
como aros amarillos en la lenta cocción de la tarde.
La gente aparece por todos los rincones, algunos van del brazo,
tuercen por callejones laterales, suben escalones,
se pierden a medida que el blanco se desvanece, el azulete,
el ocre, el manganeso más crudo, habitáculos donde la vida,
desde un instante suspendido, levanta su guadaña
sobre el olor espumoso de la menta.

Ciudad Juárez

Caminando por la ancha avenida, en dirección norte,
el paso lento y cimbreado, las manos en los bolsillos
del estrecho pantalón vaquero, azul como las largas piernas.
La cadera apretada por el cinturón incitaba a la lectura
de dos iniciales entrelazadas en plata, trofeo ostentoso y viril
que anunciaba vete a ver qué locura desbocada,
allí mismo, en un oscuro lugar, verde y amarillo sobre el metal
quemante de tanto manoseo.
Saliendo del Kentucky el aire achicharraba a los insectos
y la noche ya oscura lucía su oferta cercana a la frontera,
la camisa abierta y plateada era el diccionario sofocante
de un lenguaje incisivo de resabio tex-mex,
el alcohol verdoso, la madre de las margaritas,
apremiante ligereza para la voluntad vencida.
No podía imaginar el cielo cuya luna es un sombrero stetson
blanco, lo único puro que asiente en mi cabeza.
De nuevo en el bar las chicas nos sirven guacamole, fajitas,
machaca norteña, y mientras traen más bebidas
y nos obsequian con dulzura maquillada,
sus largas uñas buscan surcos en la carne de la espalda.
El paladar ansioso de ardiente chipotle
rumia palabras enredadas que no puedo pronunciar,
válidas no más para una noche arrebatada, inesperada,
noche rabiosa y cruel bajo el polvo del desierto.

Lima

a Magdalena Chocano

Descubrir el peligro convierte a la ciudad en un lugar
rutinario. El horror da la pista de lo que hay que hacer
en semejante circunstancia, pues se trata siempre de buscar
la salida más rápida en lo que la violencia tiene de aproximación
a nosotros mismos. Para convertirse en dueño del destino
hay que comer del plato del peligro, hay que masticarlo y
    sacarle
su jugo para asimilar su contrario. La tierra forma montañas
    doradas
y polvorientas que pisamos imponiendo el temblor de nuestro
    cuerpo,
el dolor de nuestro peso, y descubrimos, si miramos adelante,
que el horror, como sabe César Moro, no es más que un nudo
para ocultar debilidad. No hay que huir de la acción des-
    concertante,
tan solo hay que sentir que no has sido elegido. Nada
perdura con éxito infinito y la raíz de magia brota del espanto,
de su boca envenenada, en su escozor tremendo. Todos ago-
    nizamos
lentamente bajo un cielo sin sol, bajo la luz pasada por la tela
parda de la incertidumbre, y todos nos quejamos hasta lograr
    salir,
hasta lograr ingerir nuestro fragmento iluminado.

Visiones

Visión de la pintura

Avanzo muy despacio por un estrecho túnel
que es imagen del infierno en sus múltiples niveles
sin conocer el miedo frente a la desconcertante
ausencia de emoción. La mirada se afina.
Veo cuadros dispuestos como en los antiguos
gabinetes reales pintados en algunos cuadros,
vistas urbanas que compiten con las torres de Delft
en su altísima visión. Me abrazo al ojo suizo
que pinta despacio: *Miami, see it like a native.*
En la liviana atmósfera Enric y Philippe están presentes,
hablamos de no recuerdo qué lengua de azufre
que arrasó la ciudad en su luciferina decadencia.
En medio de la risa una orden de las alturas me hace caer
y quedo boca arriba, bajo el amarillo *Lee Wong Insurance.*
Por la cabeza y la nuca se quiebra el frío
y al momento de perder la vista
un espeso manto inmaculado lo difumina todo.
Siento alivio, bienestar mullido entre el éter
y el cuerpo, y como resto de un banquete pierde
el limbo cerúleo su alegre carnalidad.
La niebla recuerda a las nubes de la pintura barroca
en su imagen del cielo, firme en su analogía guiando
la elevación.

Visión del cálamo

a Blanca Andreu

Me hallo en un esmerado jardín
con dos cipreses lanceolados, un melocotonero
en flor y una fuente. En su perfección lo tomo
por un huerto persa. Mientras contemplo
ensimismado la eclosión de una rosa
una voz me devuelve a la belleza del vergel,
una extraña voz, voz hermafrodita: *toma el cálamo*
y escribe, toma el cálamo y escribe cuanto sabes.

Visión del mercado

a Conchi Jubany

Lo único que nos detendrá, te dije, será la visita
al mercado de Algeciras.

El mar, que aparece sin ser visto,
es un reino de fuerza que se asienta en la cabeza
y tiene el color potente de una aguamarina.

Recorremos un camino de aceitunas moradas,
limones cortados que salpican el rostro,
cestos de higos secos que esconden el áspid,
carne de pez espada donde gime el corazón.

Poco antes de abrir los ojos
el gesto de tus manos entre el pescado
me eleva en el espacio con la plenitud
de un ángel sobreviviente.

Visión del Deutschland

El color irrepetible del mar dominándome,
maestro de mi cuerpo que instruye entre las olas,
¿va a imponer su magisterio la vida material
o voy a seguir así, fúnebre noche de mis ojos,
olvidado de dios, abocado a la muerte?
La sal es mi alimento, corre por mis venas,
ignoto mensajero de la calma, ya te acepto,
tómame en las piernas que ya no se resisten
en el abismo de este remolino de luz.

Visión del baño turco

Ô parfum chargé de nonchaloir!

Charles Baudelaire

Sólo una orden puede interrumpir la indolencia femenina,
la fantasía del ojo que abarca la magnificencia del harén,
el goce de la mujer con su turbante. La tibieza de los cuerpos
descansa en una flor extraña en la visión de las más jóvenes
ajenas a la melodía de laúd y pandereta.
Las hay georgianas, circasianas, eslavas, entre las favoritas
del señor que todo lo dispone.
La escena no cabe en la lujuria del solitario mirón,
predomina el olor sutil de almizcle en el óvalo perfecto.
La inclusión de la mirada que determina el placer del hombre,
el oscuro dintel de entrada a lo desconocido,
la dolorosa impotencia del sultán presuntuoso.

Visión de Venus

Complacido voy de la mano de dos hacia una cama destendida
que acoge entre sus pliegues un libro de cuyo autor
no alcanzo a leer el nombre. Compagino seducción y poesía
y ese pensamiento súbito me enciende.
Oh trajín de la carne oh tarde de lectura, no sé qué puede más,
dónde reposar la yema de los dedos mientras permanezco
    desnudo,
y al rato, uno de los tres, en completa entrega y lengua salaz
recita un poema de Blanca Varela. El poder de la voz
es tan turgente que a la vez nos acucia el sueño del orgasmo.
A diestra y siniestra potros y hogueras. Cadenas, azufre y humo.
Una vez satisfecho el mandato de Venus
me provoca el deseo de un diálogo jadeante,
tres lunas enlazadas que preñan el espejo de la estancia
donde multiplicar la perecedera entrega de la carne
hasta que dejo de existir, y renazco, un poco más allá,
mientras la carne inquieta se serena y el oído queda satisfecho.

Visión de las hortensias

A Esther Zarraluki

Puede que despunten azules esta vez,
entrada la primavera, en las mañanas de escarcha,
los mazos de hortensias que embellecen el jardín
con su rumor ceñido de zarco celestial.
Detrás de los cristales, al levantarme,
observo la luz dorada filtrarse en las corolas
derritiendo el velo de la noche fría;
es un lento goteo que alimenta a la tierra
en una repetida escena simbólica de marzo.
No hay necesidad, no hay urgencia en una acción así,
tanta delicadeza en este ungido ensueño mimado
nacido para ser disfrutado, para aliviar, incierto como el agua
en su movimiento, la búsqueda del paraíso.
Es un milagro sin explicación, no hay frutos, no hay olor,
sólo atrevido deseo y la osadía de perpetuar
la duración de un instante.

Visión del agua
(Granada)

El murmullo de un hilo de plata sostiene la extrañeza
subiendo las escaleras hacia el trono del agua.
Nunca el poder de la memoria estuvo tan cerca,
en su limpia unidad, de resolver el enigma del poeta.

Visión del teatro chino
(Santiago de Cuba)

La atmósfera sofocada por el humo, tanto en la sala
como entre bastidores, de tanta irrupción de lo indecible,
le daba a los asistentes no iniciados cierto aire de pureza
y cierta gracilidad disfrazada de luna nueva entre el bambú.
La criatura nonata saltaba a un destino de ideogramas chinos
por una vida alejada de la monotonía, abierta al estrellato,
un perro que no busca el liderazgo, sí el choteo luminoso,
la llama del ocaso fragmentada en el firmamento,
las manos que separan los pétalos del loto,
el orgullo de los ancestros cultivadores de café.
Hay algarabía en el desfile de las hadas,
el mismo secreto en la caja de los truenos
a la hora del nacimiento
y a la hora de emprender
el retorno a la ciudad.

Visión amalfitana

Las rocas restallan en un yunque de oro y fuego
junto al precipicio, ¿cómo puede representar el mito
una vida oscilante entre ascensión y abismo?

El esplendor se derrumba y no encuentra respuesta.

Visión del vals de la nieve
(invierno en el Emmental, Berna)

> la nieve es como una melodía de un
> solo tono
>
> Robert Walser

Se acumulan los copos sobre los haces de leña
con el silencio de un tránsito de estrellas.
No hay explicación en su recorrido,
blanca atmósfera de esplendor, trepa la montaña
y a su paso invierte el orden de los sentidos.
Su música es pautada en un suave pentagrama,
Edelweiss o vals de la nieve que me adormece
hasta la invalidez, ovillo donde acaban los peligros.
La presencia del viento se adentra en la respiración
que se agita sin impedimento,
sólo galope tendido y seco y húmeda piel,
hechizo que reclama desde el lindero del bosque
un desenlace de vuelo inmaculado,
movimiento capaz de consagrar
la duración del invierno.

Visión del obelisco

Subir, ascender, acercarse al sol y ser traspasado
por la seca luz hasta convertirse en ceniza,
en grisáceo polvo que fertiliza la estirpe.

El poder pasa de una generación a otra, Apolo,
di lo que tengas que decir, toca tu lira y lee los poemas,
no dejarás de viajar, barrido por el viento, de Delfos
hacia Egipto, Persia, hasta el ojo de Varuna, Surya,
el que todo lo ve.

Es el cielo y su camino de estrellas lo que señala
cada noche con su enhiesta espada.

Es oro derretido y luz que decae en el horizonte
para renacer en las plegarias, para darme fuerza,
para vencer los obstáculos que su categoría impone.
Siendo masculino cuando se acuesta se transforma en mujer
preparada para actuar, utilizando la belleza.

El ascenso definitivo lo hace en forma de falo,
dador, para convertirse en pámpano, racimo, vino
que mancha el lecho sediento de Danae.

Visión amarilla

A Margarito Cuéllar, en Monterrey

Todo lo que el ciclo hace girar,
los rayos del sol, el rastrojo en el campo de intensa
dependencia del solsticio, compitiendo con el cielo
en fuerza omnipotente, divinidad amarilla
que se hinca de hinojos con la cintura
hundida entre ásperos terrones roturados.
Rocío de la mañana que se funde en el sembrado,
cada nuevo día la piel de la tierra soporta
nuestro paso presuroso en deseo de eternidad.
La batalla que ofrece el color es la muerte por arma
y el renacer esperado, la eclosión de las estaciones,
la esperanza por santificar la semilla.
La sangre de las víctimas propicia el milagro
sobre la piedra donde el holocausto impone,
sabiendo que a la aurora se vuelve a realizar.

Visión del diamante Koh-i-nor

Ya no es aficionado a engalanarse, con desdén
desprecia los consejos del mercader más experto.
Sin rechistar se deshace del engaño del cristal,
no cabe añadidura al remate de la corona.
La impoluta esfera refleja a los más selectos,
el gesto soterrado de los que tiran la ganga.
Es importante el tacto sobre el objeto elegido,
siempre al borde del precipicio en tan crítico momento,
pero no te fíes de las apariencias, no bajes la guardia.
Quién te va a tasar, quién te mira en el espejo convexo,
el ojo colmado de codicia subasta el deseo,
qué vas a conseguir por el precio de una piedra,
el diamante predice el fin si interceptas su luz.
Sigue despistando al vendedor, uno más,
busca lo mismo, quizás, aniquilar, aniquilarte.

Visión del Pastroudis

A Manuel Forcano, en Alejandría

No queda apenas nada dulce sobre la mesa
o multiplicado en el vacío de los espejos,
la atención del camarero es todavía más oscura
de lo que la realidad puede tolerar,
pasan las horas y nada se mueve en el establecimiento,
sólo en la terraza se vuelve insoportable el color azul
y la aspereza del salitre se propone perderte.
Mastica la carroña que tanto te nutre
y que un viejo arrincona en la esquina del inmueble.
Todo por el precio de un pensamiento.
El evangelio de la misericordia está en tus manos
para poder encarar tanta ruina, el cambio de nombre
de las calles, el letrero que ennegrece un alfa y un omega
y una dirección donde apenas se ve.
No queda nada azucarado sobre el velador,
derrotado presente que huye en la distancia,
no busques nada, no observes, no intrigues más,
arriba se balancea el recuerdo, el cuerpo desolado
que baja en una nube. Su sombra te está esperando.

Visión del Colmadón
(Santo Domingo, República Dominicana)

No logré herir tu jactancia con mi omisión,
rumboso en el intento, dependiente del roce de la danza
como la pareja que se arranca a compartir su sentimiento.
Noto tu deseo en la bebida y en el pan, en aquello que tocas,
en el sol devorador que en la calle todo lo equipara
para ser condimento de indulgencia, brinco de la luz
que divaga de un objeto a otro hasta convertirse en nada,
hasta marearse en el interior del ojo que disfruta
sin descanso con el vaivén de tu cintura, los brazos,
un agreste sabor frutal a merequetengue de tamarindo.
No trato de prolongar lo que allí se vive,
la mirada no deja que avance entre tanto devaneo,
y si te toco te convierto en amatista devaluada,
perjudicada, piedra que pierde su engastado capricho
en mi presencia. Me enciendo solo en la candela
voluptuosa de tu quehacer... mirando.

Visión de los cinco corazones

a Piedad Bonnett, leyendo en el convento de san Agustín, Barcelona

Abres el libro, corazón primero, su sentido,
su destino terrible te convierte en lectora
que se eleva, esperando el desenlace de un viaje,
el sentido mágico del viaje. Corazón segundo,
así te escucho, reina de la baraja,
te arremolinas en la arena del claustro,
cuando el fuego prende los designios del póker
que destaca la suerte. El pensamiento en un cuenco,
corazón tercero donde bebes la roja savia
nutricia para calmarte, el suave jugo de la vida
que mancha los dedos como vino de granadas
sobre la hoja cortante. Corazón, va por el cuatro,
andas por las aceras de una ciudad sin paredes
y si el ritmo se quiebra no habrá dónde echar el ancla.
Sólo al declamar, buscando la supervivencia,
al escucharte me despierto tantas veces
frente al gesto desesperado del ciervo de papel.
Junta las manos en la humedad del claustro,
el color presentido de la noche es el sentimiento,
es la invitación a entrar y palpar el fruto abierto,
quinto corazón oculto en una almendra,
el poema futuro que cierra la noche.

Visión de Vicente Núñez
(Aguilar de la Frontera)

pero la noche dejó caer su velo

Ibn Hazm

No existe, querido Vicente, mejor lugar para extrañarse,
ni espacio más soñado que el agro de la Bética.
Huir del enrevesado mundo, cómo no, lo lograste
para recrearte en paz en el salmo de las gavillas,
contemplativo, las manos enjuagadas en laurel,
rodeado de zánganos que zumban entre las zarzas
a la búsqueda del sabor de la lavanda, del brezo,
bien sabes cómo se elabora el milagro, el soplo de la vida.
Es por esos signos que te distingo de los demás,
que te vanaglorio, mi poeta adormecido,
no hay nada para admirar que no esté en tus libros,
el aroma de la albahaca, el jugo evocador de estas uvas
desde las que hablo para volver a recitar a los latinos,
y sugieres, embriagado por las abejas cargadas de dulzor,
que más vale mirar, volver a soñar lo que tanto has soñado.
No existe, querido amigo, retiro para meditar
ni paisaje más fecundo que la campiña cordobesa.

Visión de las ciudades de Cibola

Desciende un leve manto de ceniza dorada
y vibra mientras preña la vegetación del desierto.
Todo es ilusión, me dice la voz, oriflama que bate
con fuerza el airoso velo insistente y traslúcido.

No verás construcciones, en el polvo sólo perdura
el aliento que todo lo daña y todo lo quema,
pero no dudes de su existencia, en su largo reinado
es una piedra que hiende la calma,
un pez fósil que recorre la escala celestial
dejando sin respiración a los escasos testigos.

El olor de la lluvia puede indicar la cercanía del felino
pero sólo existen lágrimas entre las sombras nocturnas.

Sosteniendo la flor de cactus entre los dedos
la sangre adquiere el color áureo de las predicciones.

La erosión que consume a las siete ciudades,
la extenuación metálica de la superficie terrestre,
el derrumbe de la roja lengua de la catástrofe
sobre la leyenda que el exterminio predijo,
al saltar los adarves y no encontrar nada.

Visión de la torre

En la intimidad la torre erguida busca el cielo,
y el paisaje alto, azul y pálido perla satinado,
que son los vívidos colores que la mente atesora.
La torre es un estremecimiento que relega al tiempo
para no dar explicación al que no la merece,
aristócrata insaciable en el flanco de su cacería.
No hay mano para agarrarla en su circunferencia,
en la siesta ondulante, suave anunciación de lluvia.
Su saliva es blanca y brota de la insistencia
en un desenlace muerto de lenta satisfacción.

Visión de Orión
(Ibiza)

Por un sendero vertical avanzas como el asceta
que al astro busca y lame con la punta de la lengua;
para poderte anular sólo cabe esperar
la eclosión del magma del silencio;
no hay más que seguir la cola de la estrella,
la frente expuesta a la fuente de luz, en plena oscuridad;
una vez en su poder no hay nada que permanezca,
la parábola del ojo que conduce a la vida estática,
divino sortilegio que, de repente, te transforma,
y si hasta la palabra te quieres acercar, hasta la sed,
deja de andar y eleva la mirada hacia la altura,
sin miedo al desafío, al desprenderte de tu cuerpo.

Visión púnica

Navegar al encuentro del ídolo de barro,
el que te lleva sin pausa de un puerto a otro puerto.

Del lado de la escritura

Tangerine

No se trata de un gesto accidental,
la ciudad susurra palabras difíciles de alcanzar,
una fruta redonda y de intenso sabor ácido
flota en el aire para que intentes atraparla,
anaranjada concepción de un tiempo ya vencido.
La calle que desciende es luz y espuma,
una moneda estrecha se mercadea en el zoco
y desde la barandilla del café Fuentes,
en el encuentro con el lector audaz,
la repetición indecible de la esfera manoseada
es el libro de la ceguera en su diámetro exacto.

El sabor ácido, el sabor ácido
roto sobre los azulejos para asustar al hombre,
qué escarbas en el recuerdo,
luz y espuma.

Carne de porco à portuguesa

El vino es para acompañarte con mayor deleite,
a la portuguesa, ya ves, en las grandes ocasiones,
un sabor acre a carne cocinada
que deja en la boca la lujuria más honda,
el colmillo para hincar, para morder el suave haz
del pedazo de espalda, humeante, azul al paladar.
Si sigues sollozando no podré parar de masticar,
de ingerir vino del odre rojo de tu embriaguez,
sobre el líquido fermentado espera la carne de puerco
que anuncia, al comerla, la entrada hacia las sombras,
casi sexo, casi putrefacción, para exaltar su aroma.
Con el olor a sangre dando a la nariz
degluto con furor la fibra deshecha, sin pensar en más,
equívoca igualdad que aterra a la materia,
despacio, sin pausa, la lengua es mi instrumento.
No se puede transmitir con palabras limpias,
es un acto impío que me reclama al verte.
Quién trincha tu carne, quién la prueba,
del fondo del cuerpo el paladar consumado asciende,
pies de cerdo, carne magra en salsa de hojarasca,
y de los dientes, se adentra en mi garganta.

La condesa Erzébet Báthory

Roja sangre que aflora buscando el porvenir,
acepta su sentido en la feminidad de la dama.

Una vida derramada por la extrema juventud,
busca su razón en el juego absurdo de la crueldad.

Es espeso el baño, y costoso el contenido,
el oprobio cae sobre el blasón de la austrohúngara.

No es páprika picante ni equivocado cosmético,
es la fuente de mi pecado, mereceré la muerte.

Extremo de luz comparable a una ofrenda
que alienta en las entrañas recetas de eternidad.

Dafne

El grito de socorro de Dafne en la escapada
pregona en su estridencia la naturaleza mutable,
inmóvil retrato del estanque, hoja perenne,
Dafne, cómo resignarse a las caricias,
nadie ejerce clemencia, terco veredicto que te alcanza.
El deseo es transformación, sin rienda y sin piedad,
Dafne, hermana de la melisa, áspero tósigo del laurel
que se adhiere al cuerpo y a la respiración,
morirás muda, esencia de un jardín antiguo,
cerca del mar, coronada por el arte.

Inger pisando el pan

Pan marcado para la duración, lo partimos
cada día al celebrar el reino de la tierra,
nuestra estancia entre los vivos
se hace íntima al inclinarnos ante su corteza,
un fuerte abrazo supremo, el fuego que lo dora
es su conversión en vida prodigiosa.
Si lo desprecias la elocuencia te abandona
siguiendo su destino hacia el exilio,
pues su consistencia carnosa es moldeable,
capaz de ocultar el espíritu.
Si lo niegas, tratando de alejar el estigma del fango,
las salpicaduras del limo se adelantan a la muerte
hasta ennegrecer el horizonte que salta tu mirada,
un itinerario que intuyes con final incierto.
La necesidad de deglutir el pan
es un camino que desemboca en nada,
sólo perdura la ceniza de la combustión,
laberinto del miedo tentando el conocimiento.

Baquiana

La atención es engañoso tentáculo
que acecha a la presa. Su inesperada presencia
hace más angustioso el abrazo,
jugo verde de flora en la digestión
asoma en mortífero hartazgo de la garganta,
colmada de sabor, su vibrante artimaña.
Presentir la ganancia, como el guerrero
en busca de conquista, de onírico alimento.
Decae la vanidad como un tallo de esplendor
para acabar devorada en la corola del monstruo,
en untuoso arrebato, tronchado en su premura,
un brebaje que se apura hasta las heces.
No hay marco más inhóspito para la destrucción,
la boca amenazante, suave la piel,
cercada por tupidos brotes cortantes,
pero una vez sorbido no hay remedio en la expresión.
Florescencia ansiosa por perpetuarse
en una atmósfera de amor conflictivo,
basta rozar su pálpito, el llanto del envés,
y comprender que ya nunca podremos escapar.

Reflejado en el fondo de una cuchara

Aprendes una lengua erosionada. Tiendes la trampa
para resbalar en el lacre, un broche imposible de violentar,
soy el que olvida la razón en el límite morado del azar.
Reflejarme, proyectarme en el pálpito hueco de la huida,
el ansia que maneja el carro de fuego que me arrastra.

Animal quieto que espera remontarse en una línea
que pende de su ejecución, la fábula de la araña,
un plato que rechaza su sabor, su alto abolengo.
Te estrujo al acercarme, al separarme, cierre de seda
que repite su clave en el fondo borroso de la cuchara.

En el lugar de la escritura

No entres aquí

Oráculo de Apolo

Al asomarte al jardín, vieja hacedora de la vida,
esperas encontrarte con el silbido del mirlo
que juega al escondite, saltando entre las piedras,
poco más que un recuerdo infantil que te acompaña,
cabeza de ébano que oculta el acertijo.
Qué puedes decirle al mirlo, sólo tu silencio lleva la razón
tratando de adivinar la chispa alzada por el nombramiento.
Puedes omitirle tu respiración entrecortada,
tu rabia infinita frente a la injusticia,
el dorado mar que bate la orilla catalana,
no importa, nunca va a reconocer la intensidad,
nunca va a ser juez de tu reino.
El mirlo escarba en los canteros,
sus pisadas levantan sospechas en la vegetación,
una hilera de hortensias, gardenias, el limonero,
una escritura fecunda a fuerza de velar por las raíces,
poética viajera que en su pico el mirlo expande.

Medusa

Desciende la medusa a aguas más profundas,
cada uno de sus abrazos es libre de pecado, peso
que inunda el cuerpo y se adentra en el vientre.
Sólo queda el enigma, sólo la solución podría avanzarte
el mensaje, pero estás condenado por tu ingravidez
al abismo que reclama la misericordia.
No habrá armisticio, medusa sin recuerdo,
no habrá más resultado que el que tu cuerpo busca,
al gusto de dos, para siempre dolido de un dolor que no existe.
Hay que nadar, hay que saber nadar, saltar sobre las ondas,
danza que arrastra la cabellera execrable hasta la hondura
para subir del fondo estrellas de mar, erizos, piedras y algas
que dejan su sal en la boca del bañista.
No hay abrazo que te acoja, sigues bogando hacia la lejanía,
pero en el punto nacarado de tu horizonte muero,
sin saber la causa, ganado por tu voz, diciéndote no.
No pidas permiso, no te servirá
ni el agua que te sacia ni el triunfo de tu fragilidad,
el equívoco de los cabellos, retorcidos, crespos látigos,
un rizo de sangre que inunda la boca, pastosa ahora,
y tu sabor habrá de retenerme para siempre,
por tratar de alejarme, por desprenderme,
de toda negación.

El muro

falta aire,
respirar el aire,
fuelle de la fragua,
la población, los clavos,
el suelo desaparece
bajo las huellas,
la tierra blanca, calcárea,
se excava,
límpido olivar,
su fruto verde, negro,
el olivar y la enramada
mueren sin ser socorridos,
busca un deseo
que sea fruto borde,
un deseo de virtud
en una tierra enmudecida
por la raíz de la nada,
no digas nada,
no puedes decir,
qué decir,
el olivar rugoso,
las manos tiemblan
de tanto peso muerto.
la cosecha arrancada
y aplastada,
no es así la vida,
lágrima del ojo
que no puede mentir.

dejar de existir,
¿para quién? ¿qué es?
desviar los párpados
de la colina encendida,
el joven que cava
en el huerto, sueña,
no sólo sueña,
su deber es perpetuar,
dejar la risa y el esfuerzo
en la escena del dolor,
cielo encapotado,
pero no llueve,
es niebla en el olivar.

la puerta de damasco,
la piedra de jaffo,
el montículo de la esperanza
hundido entre zarzas,
el fuego te lastima
con su golpe celeste,
no puedo caminar,
no hay por dónde ir,
cierra la puerta
y no escuches la voz,
sigue sin voz
un camino solitario,
una vereda torcida,
la miel se descompone
en el panal olvidado,
la reina de la estirpe
se apodera del granado.
belleza que te serena,
el pozo está seco,
brusco sobresalto
entre rocas afiladas,
huerto cerrado,
fuente sellada,
cae de un lado, del lado
que equivale a más,
un desperdicio el suelo,
muerte inútil,

cuentas lo que no tienes,
vuelve a levantar la voz
por un trago de agua.
la vida disminuye
su fuerza donde no cabe,
una flor de hibisco
y un mazo de perejil
son el ripio,
la destrucción.

en la frente
se agita el tiempo,
un campo de centeno,
de pan ácimo,
pan y aceitunas,
poco más
para saciar el hambre.
el café derrama los secretos,
la ausencia de los días,
la trágica prensa diaria,
mirar y esperar
y otra vez empezar.
toma arena en la mano,
el polvo de los dedos
ahoga la simiente,
no pierdas el compás,
un racimo tras otro
marca la proximidad del otoño,
grisácea la mirada
festeja el rito maronita.

la higuera hendida,
la rama se adentra
en la casa desolada,
la higuera es alta
y el fruto es dulce
como almíbar,
como almíbar de la tahona.
cómo te vas a negar,
la rama
señala al horizonte,
de donde mires
el fruto es dulce
y negro el tronco,
ojo que vuela,
sabe lo que vale.
en el cobertizo
gime la higuera,
gime y muere.

soledad, soledad,
no te transformes,
sigue porfiando,
es una losa
donde exclamar,
donde expresar
la extrañeza del reino
del meridión,
estar en la tierra soñada
no más que el ciclo
de una cosecha,
una siega, una hoz,
el trigal espera
tu aparición.
la flor de plata
de la pobreza
se deja adorar,
pero no dice más,
un sol, un astro,
una constelación morada
que atrapa a la noche;
no la toques,
deja la espina volar
y marcar el cuerpo
del celebrado.
el muro sentencia
la duración,

nadie se rinde
ante su recorrido,
cumplir el calendario
de un mes de vida,
la floración,
el goce diario.
tu boca saborea
la pasta de garbanzos,
el vinagre adereza
la casa de maría,
para escuchar,
ausentarse, ausentarse,
cuánta desposesión.

la sangre huele,
sigue su rastro
ancho, tenso,
el río cuajado
de la existencia
es una arteria
que cercenar,
sin tregua
en el viento preñado.
la sangre resbala,
húmeda, espesa
en el grito que sube
a la garganta,
caliente líquido
que asombra,
la vista azorada
la rechaza,
no hay más,
una culebra se yergue
en la punta de la cola,
dos corderos agonizan,
el betún de sus cuellos
tiene el sabor de una nube,
el poder de nombrar
para ser uno más,
el tono, la sangre,
el adiós.

reconocerla
no es lo propio,
busca el asiento,
un fresco sitial
bajo la parra,
la sangre entorpece
el labio, el paladar,
la cuchilla
se hunde certera,
no logras recordar.
anunciación repetida
semejante al duelo,
la náusea,
la sequedad,
el destino se decide
en un lugar
desollado,
sin piedad,
cercano al hueso.

desierto de farán
la delicadeza,
la debilidad,
lector compulsivo
de lírica oriental,
un amorío
con patas de cabra,
un tacto ralo,
una aproximación
que la mano conduce
hasta el lugar.
perdiz asada,
copioso plato,
filtro de amor.
una garza que goza
un beso.
la luz se quiebra
por la agitación,
un soldado,
una hazaña
cuida el guerrero,
la ropa
encima de la silla,
hoy no se va a ejercitar
el hijo de la chumbera,
día de asueto
que pide el señor.

Visiones o epifanías

José Viñals

En el primero de los textos de este libro –«Toulouse», texto poético que no poema- y que Rodolfo Häsler dedica a su madre, el poeta nos da noticias de sus orígenes, partiendo de un antepasado, Raymond de Sarlabous, que fue en el siglo XVII militar y par del rey de Francia, y recorriendo un sugerente historial de cultivadores de café en América, primero en Haití, luego en Cuba, país del cual el autor es originario: nació allí en 1958 y, con su familia, emigró a España cuando él contaba diez años.

En el tercer «Berna», éste dedicado a su padre, eximio pintor hiperrealista ya fallecido, añade otra esclarecedora información: nos dice que su padre era europeo, suizo concretamente, y lo dice mientras él, con asombro y deleite, contemplaba un emblemático edificio y *aprendía el lenguaje gótico de mis* (sus) *antepasados.*

Estos escuetos apuntes biográficos familiares bastan para resaltar los orígenes del poeta y quizá para subrayar en fondo y forma la condición aristocrática de su poesía. Pues hay quienes dicen que los poemas de Häsler son herméticos u oscuros. Basta leerlos con sensibilidad y detenimiento para saber que no es así, para comprender que sus formas refinadas y exquisitas eluden toda formulación explícita en el abordaje de los temas y prefieren las construcciones indirectas, simbólicas o alusivas. Así es también el lenguaje de su poesía, delicado, sensitivo, sugerente y, repito, extremadamente refinado.

Häsler posee un tacto muy sutil al escribir su poesía, mejor dicho para presentarnos delicadamente la noble cristalería de sus poemas, cristalería que no soporta el roce bárbaro y basto, o las obviedades espesas del realismo y del naturalismo. Podría concluirse con ligereza que el poeta escribe una poesía abstracta, pero no, su poesía es muy concreta aunque sus materiales nos son presentados por Häsler a la luz de la transformación, mejor aún, de la transmutación matérica.

No estamos ante un poeta literario sino ante un poeta artístico que conoce y recorre el sentido de las artes y su naturaleza, y jamás superficial o frívolamente. Como es natural, por estudioso y preocupado, es Häsler un poeta culto, un hombre culto, y en sus escritos están tatuadas las huellas de la cultura occidental, pero también y privilegiadamente, de la cultura oriental y mesooriental . Y, más precisamente, del arte que de la cultura en sentido amplio, o de la cultura que el arte representa, desde la mitología a las leyendas, desde un interior de Vermeer a la estampa árabe de un jardín de ensueño, desde Bach a Alban Berg, desde conocer, como quería Lorca, *la sutil diferencia poética entre una taza de té frío y una taza de té caliente.*

El libro, que está estructurado en cuatro partes nada caprichosas y que no vamos a analizar aquí, contiene, entre otros sucesos poéticos significativos, el poema «Visión del cálamo» en el que es importante detenerse. En la escena el poeta se halla *en un esmerado jardín* cuya perfección induce al protagonista a tomarlo *por un huerto persa.* Es tal la naturaleza del momento y su extremada limpidez para los sentidos, que el poeta se halla en estado de pura contemplación y hasta de éxtasis, cuando una extraña voz, *voz hermafrodita,* como se supone que es la voz de la gracia, le dice imperativa pero suavemente: *toma el cálamo y escribe, toma el cálamo y escribe cuanto sabes.* Creo que se trata en toda regla de una verdadera revelación, o de una auténtica epifanía en concepto joyceano (o judeocristiano o islámico, da lo mismo).

Häsler obedece puntual y religiosamente a ese mandato espiritual: escribir todo lo que sabe o logra saber en sus desvelos de viajero y en su obstinación de conocimientos y averiguaciones como bien se transparenta en *Cabeza de ébano*. No es una cuestión baladí, es una clave para penetrar en la poesía voluntario-involuntaria de Rodolfo Häsler, poesía a la que es preciso leer en un estado especial del alma cercano al menos a esa situación de epifanía que a veces, muy de cuando en vez, se tiene la suerte humana de experimentar o percibir, estado de tensión y de atención, de abandono de prejuicios y de amistad confiada en el riesgo. Y no se trata de una mística en lenguaje trascendentalista, sino de una visión que sólo se tiene en la experiencia pura de la poesía y del arte, en estado como de gracia y de extrema limpidez de los sentidos, aquietados los bajos deseos y las urgencias existenciales de inferior categoría.

Debo añadir, por último, que este cálamo de la visión de Häsler no es, no puede ser, una pluma vulgar, sino algunas de aquellas arcaicas y maravillosas plumas de cisne con que escribieron otros privilegiados del espíritu.

Jaén, septiembre de 2005

Catálogo Bokeh

Abreu, Juan (2017): *El pájaro.* Leiden: Bokeh.

Aguilera, Carlos A. (2016): *Asia Menor.* Leiden: Bokeh.

— (2017): *Teoría del alma china.* Leiden: Bokeh.

Aguilera, Carlos A. & Morejón Arnaiz, Idalia (eds.) (2017): *Escenas del yo flotante. Cuba: escrituras autobiográficas.* Leiden: Bokeh.

Alabau, Magali (2017): *Ir y venir. Poesía reunida 1986-2016.* Leiden: Bokeh.

— (2019): *Mordazas.* Leiden: Bokeh.

Alcides, Rafael (2016): *Nadie.* Leiden: Bokeh.

Andrade, Orlando (2015): *La diáspora (2984).* Leiden: Bokeh.

Armand, Octavio (2016): *Concierto para delinquir.* Leiden: Bokeh.

— (2016): *Horizontes de juguete.* Leiden: Bokeh.

— (2016): *origami.* Leiden: Bokeh.

— (2019): *El lugar de la mancha.* Leiden: Bokeh.

— (2019): *Superficies.* Leiden: Bokeh.

Aroche, Rito Ramón (2016): *Límites de alcanía.* Leiden: Bokeh.

Blanco, María Elena (2016): *Botín. Antología personal 1986-2016.* Leiden: Bokeh.

Caballero, Atilio (2016): *Rosso lombardo.* Leiden: Bokeh.

— (2018): *Luz de gas.* Leiden: Bokeh.

Calderón, Damaris (2017): *Entresijo.* Leiden: Bokeh.

Castaños, Diana (2019): *Yo sé por qué bala la oveja mansa.* Leiden: Bokeh.

— (2019): *The Price of Being Young.* Leiden: Bokeh.

Columbié, Ena (2019): *Piedra.* Leiden: Bokeh.

Conte, Rafael & Capmany, José M. (2019): *Guerra de razas. Negros contra blancos en Cuba.* Leiden: Bokeh, colección Mal de archivo.

Díaz de Villegas, Néstor (2015): *Buscar la lengua. Poesía reunida 1975-2015.* Leiden: Bokeh.

— (2015): *Cubano, demasiado cubano. Escritos de transvaloración cultural.* Leiden: Bokeh.

— (2017): *Sabbat Gigante. Libro primero: Hojas de Rábano.* Leiden: Bokeh.

— (2018): *Sabbat Gigante. Libro segundo: Saigón.* Leiden: Bokeh.

Díaz Mantilla, Daniel (2016): *El salvaje placer de explorar.* Leiden: Bokeh.

Espinosa, Lizette (2019): *Humo.* Leiden: Bokeh.

Fernández Fe, Gerardo (2015): *La falacia.* Leiden: Bokeh.

— (2015): *Notas al total.* Leiden: Bokeh.

Fernández Larrea, Abel (2015): *Buenos días, Sarajevo.* Leiden: Bokeh.

— (2015): *El fin de la inocencia.* Leiden: Bokeh.

Ferrer, Jorge (2016): *Minimal Bildung. Veintinueve escenas para una novela sobre la inercia y el olvido.* Leiden: Bokeh.

Gala, Marcial (2017): *Un extraño pájaro de ala azul.* Leiden: Bokeh

Galindo, Moisés (2019). *Catarsis.* Leiden: Bokeh.

Garbatzky, Irina (2016): *Casa en el agua.* Leiden: Bokeh.

García, Gelsys (2016): *La Revolución y sus perros.* Leiden: Bokeh.

García, Gelsys (ed.) (2017): *Anuncia Freud a María. Cartografía bíblica del teatro cubano.* Leiden: Bokeh.

García Obregón, Omar (2018): *Fronteras: ¿el azar infinito?* Leiden: Bokeh.

Garrandés, Alberto (2015): *Las nubes en el agua.* Leiden: Bokeh.

Gómez Castellano, Irene (2015): *Natación.* Leiden: Bokeh.

González Nohra, Fernando (2019): *Con sumo placer.* Leiden: Bokeh.

GUERRA, Germán (2017); *Nadie ante el espejo*. Leiden: Bokeh.

GUTIÉRREZ COTO, Amauri (2017): *A las puertas de Esmirna*. Leiden: Bokeh.

HARDING DAVIS, Richard (2019): *Notes of a War Correspondent*. Leiden: Bokeh, colección Mal de archivo.

HERNÁNDEZ BUSTO, Ernesto (2016): *La sombra en el espejo. Versiones japonesas*. Leiden: Bokeh.

— (2016): *Muda*. Leiden: Bokeh.

— (2017): *Inventario de saldos. Ensayos cubanos*. Leiden: Bokeh.

HONDAL, Ramón (2019): *Scratch*. Leiden: Bokeh.

HURTADO, Orestes (2016): *El placer y el sereno*. Leiden: Bokeh.

JESÚS, Pedro de (2017): *La vida apenas*. Leiden: Bokeh.

KOZER, José (2015): *Bajo este cien*. Leiden: Bokeh.

— (2015): *Principio de realidad*. Leiden: Bokeh.

LAGE, Jorge Enrique (2015): *Vultureffect*. Leiden: Bokeh.

LAMAR SCHWEYER, Alberto (2018): *Ensayos sobre poética y política. Edición y prólogo de Gerardo Muñoz*. Leiden: Bokeh, colección Mal de archivo.

LUKIĆ, Neva (2018): *Endless Endings*. Leiden: Bokeh.

MARQUÉS DE ARMAS, Pedro (2015): *Óbitos*. Leiden: Bokeh.

MIRANDA, Michael H. (2017): *Asilo en Brazos Valley*. Leiden: Bokeh.

MORALES, Osdany (2015): *El pasado es un pueblo solitario*. Leiden: Bokeh.

MOREJÓN ARNAIZ, Idalia (2019): *Una artista del hombre*. Leiden: Bokeh.

MÉNDEZ ALPÍZAR, L. Santiago (2016): *Punto negro*. Leiden: Bokeh.

PADILLA, Damián (2016): *Phana*. Leiden: Bokeh.

PEREIRA, Manuel (2015): *Insolación*. Leiden: Bokeh.

PONTE, Antonio José (2017): *Cuentos de todas partes del Imperio*. Leiden: Bokeh.

— (2018): *Contrabando de sombras*. Leiden: Bokeh.

PORTELA, Ena Lucía (2016): *El pájaro: pincel y tinta china.* Leiden: Bokeh.

— (2016): *La sombra del caminante.* Leiden: Bokeh.

PÉREZ CINO, Waldo (2015): *Aledaños de partida.* Leiden: Bokeh.

— (2015): *El amolador.* Leiden: Bokeh.

— (2015): *La isla y la tribu.* Leiden: Bokeh.

— (2019): *Apuntes sobre Weyler.* Leiden: Bokeh.

QUINTERO HERENCIA, Juan Carlos (2016): *El cuerpo del milagro.* Leiden: Bokeh.

RODRÍGUEZ, Reina María (2016): *El piano.* Leiden: Bokeh.

— (2018): *Poemas de navidad.* Leiden: Bokeh.

RODRÍGUEZ IGLESIAS, Legna (2015): *Hilo + Hilo.* Leiden: Bokeh.

— (2015): *Las analfabetas.* Leiden: Bokeh.

SAUNDERS, Rogelio (2016): *Crónica del decimotercero.* Leiden: Bokeh.

STARKE, Úrsula (2016): *Prótesis. Escrituras 2007-2015.* Leiden: Bokeh.

SÁNCHEZ MEJÍAS, Rolando (2016): *Mecánica celeste. Cálculo de lindes 1986-2015.* Leiden: Bokeh.

TIMMER, Nanne (2018): *Logopedia.* Leiden: Bokeh.

VALDÉS ZAMORA, Armando (2017): *La siesta de los dioses.* Leiden: Bokeh.

VEGA SEROVA, Anna Lidia (2018): *Anima fatua.* Leiden: Bokeh.

VILLAVERDE, Fernando (2016): *La irresistible caída del muro de Berlín.* Leiden: Bokeh.

— (2016): *Los labios pintados de Diderot.* Leiden: Bokeh.

WILLIAMS, Ramón (2019): *A dónde.* Leiden: Bokeh.

WINTER, Enrique (2016): *Lengua de señas.* Leiden: Bokeh.

WITTNER, Laura (2016): *Jueves, noche. Antología personal 1996-2016.* Leiden: Bokeh.

ZEQUEIRA, Rafael (2017): *El winchester de Durero.* Leiden: Bokeh.